Frère Philippe, supérieur général des Frères des Écoles chrétiennes.

LES FRÈRES

DES

ÉCOLES CHRÉTIENNES

PENDANT LA GUERRE DE 1870-71

LE V^{ble} J.-B. DE LA SALLE
Fondateur des Frères des Écoles chrétiennes

PARIS — F. CUROT, LIBRAIRE-ÉDITEUR, RUE SAINT-SULPICE, 22

LES FRÈRES DES ÉCOLES CHRÉTIENNES

PENDANT LA GUERRE DE 1870-71

Depuis dix-huit siècles, la charité chrétienne ne cesse de s'épancher sur les hommes. Elle nous pénètre, nous touche, nous charme; elle endort nos douleurs et exalte nos joies; elle est l'encens de notre vie.

C'est Jésus-Christ, immolé pour nous, qui a ému notre sang glacé et créé les sublimes dévouements. Beaucoup ne connaissent pas l'Homme-Dieu dans l'agonie qu'il souffrit pour eux; toutefois, le sang divin a cherché les plus invisibles sillons et y est descendu comme un arome céleste, comme la rosée qui tombe des saintes régions.

La charité est belle en tout temps; mais c'est surtout en face des périls qu'elle apparaît tout entière, telle que le christianisme la comprend et l'inspire, ne regardant jamais derrière elle, et évitant de se faire une parure de ses bonnes actions.

Dans ces jours de tristesse et de trouble moral, à côté des caractères qui s'affaissent et des défaillances qu'on ne compte plus, et quelles que soient les graves responsabilités de la génération présente, la charité chrétienne, dans l'efficacité de ses œuvres, semble devoir conjurer les malheurs dont nous sommes menacés. Malgré tant de sujets de découragement et d'inquiétude, les hommes sages veulent encore espérer : *in spem contra spem.*

Il faut à notre pays le salut par les mérites et par les sacrifices des saints. Les vertus des justes, comme le sang des martyrs, peuvent seules conjurer la justice et attirer les suprêmes miséricordes.

L'ouvrage que nous présentons au public devrait s'appeler le *Livre d'or de la charité*. C'est l'exposé simple et fidèle de la conduite généreuse des Frères des Écoles chrétiennes pendant la période douloureuse de notre guerre avec la Prusse.

On ne lira pas sans quelque profit pour soi-même les chapitres dans lesquels notre cœur attendri a essayé de faire revivre, d'après des témoignages officiels, des documents sérieux et soigneusement contrôlés, le dévouement de ces modestes et vaillants disciples du vénérable de la Salle, qui ont offert, à l'admiration de la France entière, le spectacle magnifique des vertus qu'enfantent le patriotisme et la religion.

L'Institut des Frères, les mille voix de la presse l'ont honoré, et il s'est acquis une gloire à laquelle il ne pensait guère. Dieu l'a fait croître dans notre pays, comme un grand arbre, pour donner de l'ombre et des fruits.

Il a rappelé à notre âge et à notre société croulante la foi des premiers siècles; il a ranimé la chaleur vitale qui paraissait s'éteindre; il a recommencé, nous ne craignons pas de le dire, l'ère des martyrs; car être martyr, c'est donner sa vie pour Dieu et ses frères; c'est donner sa vie en sacrifice, que le sacrifice soit consommé tout d'un coup comme l'holocauste, ou qu'il s'accomplisse lentement et qu'il fume nuit et jour comme les parfums sur l'autel. Être martyr, c'est donner au ciel tout ce qu'on a reçu : son or, son sang, son âme tout entière. Cette offrande, les Frères des Écoles chrétiennes l'ont offerte à Dieu, en la déposant sur l'autel sanglant de la patrie.

Pendant le siége de Paris, on les a rencontrés aux postes les plus périlleux, braves parmi les braves. Ils marchaient calmes et sans s'arrêter sous les balles et la mitraille. Au plus fort de la mêlée, ils couraient à nos blessés, sans crainte d'être atteints, animés de ce souffle intérieur qui grandit les âmes et fait les héros. Inconscients de leur propre courage, ils passaient indifférents à côté des hommages publics, trouvant, dans le charme et la paix de la conscience, la seule récompense digne de leur envie.

Après avoir écrit sur les champs de bataille, avec leur sueur et leur sang, une des plus splendides pages des annales de l'Institut et de notre histoire nationale, ils venaient, sous le regard inspirateur du très-honoré frère Philippe, s'incliner doux et affectueux sur les malades de nos ambulances; ils pansaient les plaies avec toutes les délicatesses de la bienfaisance catholique; ils regardaient les souffrants avec une tendre compassion, et leur faisaient aimer jusqu'à la croix où la guerre les avait cloués. La sérénité de leur piété gagnait tous les cœurs. En guérissant les blessures, ils ne manquaient pas de distribuer quelques parcelles de cet enseignement divin qui est le pain de l'âme, non moins nécessaire à l'homme que le pain du corps. Ils ravivaient les pauvres cœurs abattus. Leurs consolantes paroles amenaient de belles larmes dans les yeux des agonisants. Ils ouvraient lumineuses les portes du ciel à ceux que les ténèbres enveloppaient, et préparaient la vie quand apparaissait la mort.

La conduite des Frères, pendant le siége de Paris, fit tomber bien des préjugés. Dans les camps, dans les palais des riches, dans les logements de l'ouvrier, leur nom n'était prononcé qu'avec respect. On s'entretenait d'eux jusque sur les places publiques : chacun savait un épisode touchant, relatif à ces vaillants brancardiers et à notre époque, où la foule sceptique se plaît si souvent à rire de nos anciennes croyances, on a pu voir les humbles instituteurs des Écoles chrétiennes placés au rang des meilleurs citoyens.

Le gouvernement crut accomplir un devoir et répondre au vœu de la population, en conférant au très honoré frère Philippe la croix de la Légion d'honneur. Jamais récompense ne fut plus légitime[1].

Les Frères de province, sur un théâtre moins exposé aux regards du monde, se montrèrent dignes de leurs confrères de Paris. Ils mirent leurs établissements à la disposition de l'autorité militaire, avec un empressement qui produisit partout le plus heureux effet. Dans toutes les écoles, ils ouvrirent des souscriptions pour les blessés français, et chacun de leurs élèves apporta son obole. Sans interrompre le cours de leur enseignement ils firent auprès de nos soldats des miracles de charité. Ils épuisèrent toutes leurs ressources. Quand ils n'avaient plus rien à donner, ils donnaient encore : leur bienveillance et leur affection ne se lassaient pas de s'offrir.

Vers le milieu de la guerre, une horrible maladie, la petite vérole, moissonna presque autant de soldats que les balles ennemies. Beaucoup d'ambulances se montrent peu soucieuses d'accueillir les victimes de ce fléau. Les Frères les reçoivent dans leurs communautés, se font leurs infirmiers, sans calculer avec les répu

1. Depuis Louis-Philippe, les divers gouvernements qui se sont succédé en France avaient offert la croix d'honneur au vénérable Supérieur général ; mais, jusque-là, le digne vieillard s'était toujours dérobé à ce témoignage de l'estime publique. Les vrais grands hommes aiment à s'effacer de la scène et ont peur de l'admiration. Cette fois, pourtant, l'humilité du religieux dut se rendre aux instances qui lui étaient faites, et accepter pour son Institut ce qu'il avait constamment refusé pour lui-même. Ses inférieurs lui firent doucement violence, et ce fut Ricord qui attacha le ruban rouge sur la poitrine de son nouvel ami, sur ce cœur qui bat si fort pour la patrie et qui n'est qu'une flamme ardente devant Dieu.

gnances de la nature, avec les dangers de la contagion. Ils sont la Providence de ceux qui souffrent. On les trouve partout où il y a des soins à prodiguer, des périls à affronter. Ils se mettent au service des varioleux, avec une sainte prodigalité qui ne compte pas même avec la vie. C'est la première fois que le génie de la charité s'est ainsi manifesté aux regards des hommes et des anges. *Spectaculum Deo et angelis et hominibus.*

La charité des Frères ne s'est pas bornée à des paroles; elle a été effective, pure et ardente; elle est entrée dans le secret et dans le détail de toutes les misères, de toutes les douleurs. Ces admirables religieux ont abrité et servi les voyageurs, logé les mobiles, ouvert des fourneaux économiques, secouru les prisonniers, essuyé les larmes des affligés; ils ont été la douce et vive image de la fraternité chrétienne, que Jésus-Christ a posée comme le fondement de la famille du genre humain.

L'excès du travail et du zèle, le contact des maladies pernicieuses ont fait des victimes dans leurs rangs : une centaine de malades et une vingtaine de morts. N'importe! ils se relèvent et remplissent les places vides; ils se succèdent comme sur le champ du martyre. Mais il est des morts qu'il ne faut pas plaindre. Le parfum des sacrifices, comme la fumée de l'encens, monte vers le ciel. Des vapeurs qui s'exhalent du sang des justes se forme une auréole qui éclaire l'avenir. Nous nous réjouissons en pleurant nos morts, car la vertu de l'expiation crie au ciel; elle est un gage de salut.

En écirvant ces pages si consolantes au point de vue religieux, nous ne pouvons nous défendre d'une profonde émotion, car nous nous souvenons, et nous ne l'oublierons jamais, d'avoir vu nous-mêmes à l'œuvre les Frères des Écoles chrétiennes pendant le siége de Paris; nous les avons vus recevant des soldats les témoignages de la plus vive et de la plus franche amitié. Rien de plus naturel, en effet, que les sentiments de commune sympathie qui unissent le frère au soldat. Ces deux hommes se rapprochent par des principes communs et une vie à peu près semblable, malgré ses contrastes. Enfants du peuple, tous deux ont grandi sur les genoux du travailleur. Dans la caserne comme dans la communauté, on obéit à une règle commune, à une loi qui échappe à la critique comme au changement. Là, le tambour appelle à l'exercice; ici, la cloche sonne les heures du travail et celles de la prière. Ni l'un ni l'autre de ces deux hommes ne s'appartiennent. La volonté, la liberté, les intérêts propres, les douceurs de la terre, ils ont tout sacrifié, le premier à l'Église, le second à la patrie, et tous deux à ces deux choses à la fois. Le soldat a l'humeur franche et joviale; sa vie d'abnégation est délivrée des inquiétudes et des caprices de la fortune; il ne discute pas son devouement : il marche au champ de bataille comme à une fête, la fête de l'héroïsme et de l'honneur.

Le frère jouit de la paix de la conscience. Ses jours s'écoulent austères au service des autres. Qu'on lui assigne une place difficile ou qu'on l'envoie à un poste périlleux, il part, soldat intrépide, sans plainte, sans tristesse; il s'immole en souriant.

De tout temps, l'union de l'homme de guerre et de l'homme de religion ont produit de grandes choses. Heureux les gouvernements qui ont le souci des âmes et savent s'attirer par là les bénédictions du ciel!

Le soldat porte l'épée qui tue; le disciple de Jésus-Christ porte la croix qui sauve. Bien souvent ils meurent comme ils ont vécu, ne laissant leur nom sur aucun monument, mais gravé dans les annales de l'éternité.

Nous nous souvenons aussi des solidaires, des internationaux, des libres penseurs. A entendre ces ennemis de l'Église, on les croirait nombreux : «Nous sommes le nombre et la force, disent-ils; nous sommes des humanitaires, des philanthropes.» Voici un fait qui, par lui-même, est toute une révélation. Les Frères ont donné leurs soins à plus de 10 000 blessés et de 30 000 soldats malades, et sur ce nombre, une dizaine à peine ont refusé l'assistance du prêtre aux approches de la mort. Vous n'êtes pas si nombreux que vous le croyez, ou bien l'incroyance de vos adeptes est accompagnée de cette prudence lâche et honteuse qui fait prendre des moyens sûrs pour n'être pas, aux jours des malheurs publics, parmi les blessés et les malades. Quant à l'humanité et à la philanthropie, vous en parlez bien à votre aise. Ces choses, nous les connaissons mieux que vous; ce sont nos pères qui vous les ont révélées; ce sont nos prêtres, nos religieux, qui les ont enseignées au monde, qui les ont pratiquées les premiers; c'est par le christianisme que ces mots ont reçu un sens sublime : «Quiconque « n'aime pas Dieu, dit Bossuet, quoi qu'il en dise et quoi qu'il promette, il n'aimera que lui-même.» Et sachez-le bien, sans le dévoûment de nos apôtres et le sang de nos martyrs, le mot d'humanité ne renfermerait, comme du temps des païens, qu'une idée de banale politesse, et la miséricorde ne serait regardée que comme une faiblesse de sentiment.

Après les péripéties de la guerre et les efforts malheureux, mais souvent héroïques, de la défense nationale, notre patrie a été plus troublée par la révolution que la mer par l'agitation de ses vagues. Nous sommes tombés dans une confusion incroyable. Notre civilisation et nos lumières, dont nous nous montrions si fiers, ont abouti à une orgie démagogique et à la profanation de ce qui honore et élève l'humanité.

Les Frères des Écoles chrétiennes se sont vus récompensés de leur zèle et de leur dévouement par la plus odieuse et la plus stupide des persécutions. Chassés des écoles où ils consacraient leurs forces, leur intelligence et leur cœur à l'éducation de la jeunesse, emprisonnés sous la Commune, ils ont tout enduré sans murmure sur les lèvres, sans fiel dans le cœur.

On n'attaque les Frères qu'en haine du catholicisme. Le mot d'ordre semble être donné de répéter que le patriotisme est incompatible avec la religion, et que les écoles religieuses sont incapables de former des citoyens. Les libres penseurs font un reproche à la religion de rapprocher les peuples, d'abaisser les barrières, après avoir proclamé eux-mêmes que l'union de tous les peuples est le véritable progrès social, vers lequel doivent tendre tous les efforts..... Ils blâment la religion de ce qu'elle commande le respect de l'autorité. Or, qui donc, en étudiant notre société si malade, ne comprend pas que c'est précisément le manque de respect pour l'autorité qui fait sa faiblesse? Qui ne voit que la jeunesse est dévorée de la soif de l'indépendance, et qu'il faut l'amener à une soumission raisonnable envers tous ceux qui lui sont supérieurs? La religion fait un précepte d'aimer tous les hommes; mais elle nous ordonne tout d'abord d'aimer nos proches : c'est de cet amour que procède le patriotisme. L'histoire enseigne que les peuples les plus religieux furent les plus attachés à la terre de leurs pères. Ouvrez la Bible ; à chaque page le patriotisme de la nation juive resplendit d'un nouveau degré d'énergie. A quelle époque l'amour de la patrie a-t-il été plus grand que dans les âges de foi? N'est-ce pas la foi qui a repoussé loin des frontières de la France le flot de l'invasion musulmane, et reporté le drapeau français au centre même de la puissance ennemie? N'est-ce pas la foi qui a enfanté Jeanne d'Arc et reconquis sur l'Anglais le sol envahi de la patrie? Qui ne se rappelle le patriotisme de l'Espagne religieuse, opposant au vainqueur de Marengo et d'Austerlitz une résistance insurmontable? Si la foi en France avait été moins attiédie, la résistance aux Teutons envahisseurs eût été plus énergique et plus tenace, et nous n'eussions pas été réduits à signer en 1871 le traité le plus douloureux de notre histoire. Et dans cette guerre, les plus fidèles à la religion n'ont-ils pas été les plus courageux défenseurs du drapeau? Qui donc osera refuser le salut d'honneur à nos héroïques zouaves pontificaux?

Bon gré, mal gré, l'empire du temps est à la vertu et à la vérité. La protection la plus sûre de la France devant Dieu est dans la beauté et dans la fécondité de ses institutions chrétiennes. Le temps de combat arrive souvent pour l'Église; son repos ne se trouve point ici-bas. Chose digne de remarque, les attaques dirigées contre le catholicisme ont été pour lui autant de préludes de la victoire. Ce qui est violent passe vite, et le règne de l'injustice n'a pas les promesses de la durée. La vertu ne meurt pas ; elle use par sa douceur et sa force toutes les violences qui viennent se heurter contre elle, comme elle éclipse par son éclat toutes les pitoyables contrefaçons qu'on essaye de lui opposer. Les Frères ont été méconnus, repoussés, abreuvés d'outrages, au nom d'une civilisation corrompue et d'un progrès menteur ; toutefois, le monde appartient à qui l'aimera davantage, et Dieu n'abandonne pas ceux que l'on persécute à cause de lui ; elle est impérissable, l'œuvre qu'il a fait sienne et qu'il a répandue sur toute la terre en la comblant de ses bénédictions. Le doigt divin est là : *Digitus Dei est hic!* Tant qu'il y aura une âme noble et généreuse sur notre terre de France, le nom des Frères nous sera vénérable et cher. Notre société veut rester chrétienne, et elle tiendra à honneur de conserver à l'Institut si national des Écoles chrétiennes le rang auquel il a droit par ses mérites et ses services rendus.

Vivement émus des malheurs et des calamités dont notre pays a été si cruellement affligé, les Frères d'Amérique ont envoyé 5750 dollars c'est-à-dire 28 750 francs, environ, en faveur des victimes françaises de la guerre.

Nous nous faisons un devoir d'enregistrer cet acte de généreuse sympathie, dont nos compatriotes conserveront le reconnaissant souvenir. Voici les noms des Communautés qui ont contribué à cette magnifique offrande :

Le Détroit.	300 dollars.	Buffalo.	200 dollars.
Albany.	200	Yonkers	100
Ellicott's Mills.	500	Baltimore Saint-Vincent	150
West-Troct	100	New-York, 2e rue.	1825
Neuw-Orleans.	1000	Santa-Theresa	500
Uttica	100	Leboucher.	50
Manhastanville	200	Syracuse.	200
Newark	100	Alfred-Edward.	150
Washington.	50	Abraam-of-Marye	5

Pour moi, après avoir retracé dans ces pages les actes de sublime dévouement des Frères des Écoles chrétiennes pendant la période douloureuse que nous venons de traverser, je veux répéter la parole de M. de Maistre : « Oh! sainte Église! les grands hommes t'appartiennent. »

Nous sommes comme les chrétiens des premiers temps, jetés au milieu d'une civilisation corrompue; sa terre s'est refroidie, et c'est aux catholiques de ramener la chaleur vitale, c'est à nous de sonder les plaies du grand malade et de les guérir. Demandons à Dieu de conserver à notre société le vénérable Institut de Frères des Écoles chrétiennes, ce flambeau de la foi, ce foyer de religion, dont les générations naissantes ont si grand besoin pour échauffer et éclairer leur faiblesse dès leur entrée dans la vie.

La question qui divise les hommes de nos jours est surtout une question sociale; il importe de savoir qui l'emportera, de l'esprit d'égoïsme ou de l'esprit de sacrifice. Que les instituteurs chrétiens s'en aillent partout, répandant la bonne nouvelle, la bonne semence; qu'ils rapprochent les peuples divisés. L'influence et les leçons des hommes vertueux peuvent seules donner au monde la prospérité et la paix.

J. d'Arsac.

Un habitant de Pourru-Saint-Remy, qu'on allait fusiller, sauvé par la courageuse intervention des Frères.

Un colonel remercie les Frères de Carlsbourg du bon accueil fait aux officiers français après le désastre de Sedan.

Les Frères ensevelissant les morts à Champigny.

Le Frère Néthelme, blessé mortellement au Bourget.

Un obus éclate dans le dortoir de la maison de Saint-Nicolas, rue de Vaugirard.

Ensevelissement des morts à Buzenval.

Le docteur Ricord décorant le Frère Philippe à l'Ambulance Saint-Maurice.

Un soldat dans l'admiration disait : « Je ne ferais pas ce travail pour 100 fr. par heure. — Et moi, dit le Frère infirmier, je ne le ferais pas pour un million ; mais je le fais avec plaisir pour le bon Dieu. »

L'artilleur Proust à l'ambulance des Frères de Toulouse.

Les Frères ramassant les blessés pendant la nuit dans les environs de Dijon.

Les garibaldiens disaient aux Frères de Dijon : « Vous aurez bien soin de nos blessés. »

Le Frère Directeur de Beauregard allant plaider, auprès du général prussien, la cause des habitants de Thionville.

Funérailles du Frère Rédemptor-Eugène, mort en soignant les varioleux.

Les Frères de Boulay secourant les prisonniers de Metz dirigés sur la Prusse.

Arrestation du Frère Calixte, premier assistant du Frère Philippe, supérieur général.

LES FRÈRES PENDANT LA GUERRE.

APPRÉCIATIONS DE LA PRESSE.

L'ouvrage de M. d'Arsac a reçu de la presse parisienne l'accueil le plus favorable et le plus bienveillant. De belles pages ont été inspirées aux journaux de nuances bien diverses par l'apparition de ce livre patriotique. Qu'on nous permette d'en citer quelques-unes qui intéresseront le lecteur et lui permettront de mieux apprécier la valeur de ce livre si remarquable.

« Il y a dans les congrégations religieuses, dit M. Armand Ravelet dans un éloquent article du 14 décembre, une séve puissante de vertus chrétiennes dont le public ne soupçonne pas l'existence. En voyant passer dans la rue ces visages placides confondus au milieu de la foule, on ne devine pas ce qu'ils recouvrent de lumière et de flamme, et un regard léger n'aperçoit pas la pureté que laissent en ces traits les passions disparues. Mais il se trouve que ces rudes enveloppes renferment des trésors. Une longue vie de sacrifices y accumule des réserves de force morale qui tantôt se dépensent lentement et obscurément, et si une occasion se présente, produisent une immense explosion d'héroïsme.

Le public ignore tout cela, et voilà pourquoi, toute les fois qu'il assiste à quelques actes nouveaux de charité et de dévouement, il est surpris. Ceux au contraire qui connaissent les religieux, les admirent sans être étonnés, car ils ne voient en leurs actions que les fruits naturels et divins d'une vertu cachée qui inspire tous leurs actes et toutes leurs paroles.

On nous communique les bonnes feuilles d'un livre[1] qui va se publier sur la conduite des Frères pendant la guerre. C'est la meilleure réponse aux indignes attaques dont ils sont l'objet. Pendant qu'on les accuse de ne point aimer la France, ils sont sur les champs de bataille, mourant pour elle. Quand leur labeur quotidien les affranchit de ce péril, ils courent au-devant pour adoucir les amertumes de la mort à leurs frères. La loi les en dispense, la Charité les y pousse. Sur tous les points de la France à la fois, la seule nouvelle de la guerre les trouve debout, résolus, prêts à donner leur vie, et tous leurs actes ne sont que les fruits indéfiniment variés d'une seule et même charité.

Aussitôt que la guerre éclata, le très-honoré Frère Philippe, supérieur général, écrivit au ministre de la guerre et lui annonça qu'il mettait à sa disposition tous les établissements de l'Institut pour recevoir les blessés, tous les Frères pour les soigner. Connaissant leur zèle, il ne les avait même pas consultés ; mais il ne fut pas désavoué. Aussitôt que son dessein fut connu, les Frères de toutes les maisons lui écrivirent pour ratifier ses offres. Aussitôt ils se mirent à l'œuvre. Ils préparèrent leurs maisons, dressèrent des lits, recueillirent des médicaments et du linge, rassemblèrent des ressources. L'armée française était désorganisée sur ce point comme sur tout le reste. Elle comptait trop sur la victoire pour s'être préparée à la défaite. La charité privée vint suppléer aux négligences du pouvoir, et l'Église ouvrit la voie.

Ailleurs, ils se font les auxiliaires des soldats, ils travaillent à l'intendance, ils confectionnent des cartouches. Ils forment leurs élèves et leur enseignent l'amour de la patrie.

Cependant leurs offres avaient été acceptées. A Aix, à Quimper, à Rhodez, à Avignon, à Moulins, à Nantes, les mobiles et les soldats occupaient leurs maisons, et les Frères s'empressaient d'utiliser les loisirs que leur laissait l'interruption des classes pour faire l'école aux soldats. Rien ne pouvait interrompre le zèle de ces nouveaux apôtres : ils se bornaient à changer de mission.

Cependant la France est vaincue, la France est envahie. Les Frères des villes occupées restent à leur poste.

Ils cessent d'être instituteurs, leur charité ne reste pas inactive. Ils se font ambulanciers. Ils vont sur les champs de bataille, et au prix de quels périls ! La mitraille pleut autour d'eux ; elle ne les arrête pas. Ils marchent au travers avec cette pla-

1. *Les Frères pendant la Guerre*, par M. d'Arsac. Paris, Curot, éditeur, rue Saint-Sulpice.

cidité qu'ils portent à la classe. Car pour eux, sous une forme ou sous l'autre, c'est toujours le même devoir, et il ne leur en coûte pas plus de donner des leçons de courage que de montrer l'A B C.

Déjà, dans cette besogne si simple, la charité a décomposé les fonctions. Les Frères se divisent en deux escouades : les brancardiers vont relever les blessés, les chercher au milieu de la mort qui pleut. Les ambulanciers les attendent dans les hôpitaux et les y soignent. Mais la mort est là encore, non plus sous l'aspect du fer et du plomb, mais sous la forme de la fièvre. L'épidémie sévit parmi les blessés et gagne ceux qui les soignent. A Réthel, le Frère Bénonien est atteint du typhus pendant qu'il soigne les soldats. Pendant trois semaines, la fièvre le dévore sans pouvoir l'arracher à sa courageuse mission. Il se traîne au chevet de ses chers malades jusqu'à ce que la mort arrive à son tour, messager divin venant lui apprendre qu'il a assez travaillé.

D'un bout de la France à l'autre, tous les Frères présentent le même spectacle. L'institut était comparable à une vaste ruche dont les abeilles s'élancent aux premiers signes du danger.

Mais leur charité même ne connaissait pas de frontière, et leur famille, s'étendant par-dessus les fleuves et les montagnes, devait présenter des frères à nos soldats en tous pays.

La bataille de Sedan avait dispersé la dernière armée de l'Empire. Les glorieux débris qui avaient échappé à la captivité et à la mort, étaient venus demander un asile sur le sol hospitalier de la Belgique. Non loin de la frontière, à Carlsbourg, était une maison de Frères, c'était l'hôtellerie désignée par la Providence pour donner à nos malheureux soldats les premiers soins. Ils arrivaient là découragés, malades, mourant de fatigue et de faim, et portant surtout au cœur des blessures plus vives que celles que la mitraille avait pu leur faire. La patrie était vaincue, tombée en un mois du faîte de la puissance et de la gloire dans l'abîme, et de sombres pressentiments avertissaient tous ses enfants qu'elle n'était point au fond et qu'elle aurait longtemps encore à descendre.

Les Frères suffirent à cette tâche, pour laquelle des anges mêmes semblaient nécessaires. Leur robe seule rappelle à nos soldats ces années aimées de leur enfance, où ils étaient si loin de croire à de pareils malheurs et égayaient peut-être leurs loisirs d'école du récit des victoires remportées par leurs pères ou leurs frères aînés. La fortune a changé, la charité est immuable. Ce sont toujours les chers Frères, la paix dans le regard, le sourire aux lèvres, qui les accueillent comme des amis retrouvés. La maison de Carlsbourg a conservé de nombreuses marques de la reconnaissance de nos soldats. Pas un régiment n'y a passé sans que tous, officiers et soldats, n'aient tenu à la remercier de l'hospitalité si largement accordée; et l'on a vu une fois de plus pourquoi l'Église est dite universelle.

Cependant l'ennemi s'était approché de Paris. Toutes les forteresses de l'Est avaient été prises ou tournées. La capitale à son tour était investie. Les Frères y sont. Ils vont prendre part à toutes les misères du siége, à tous les périls des sorties. Le supérieur ne les contraint ni ne les presse; mais tous tiennent à courir au-devant du danger. Ils écrivent chacun isolément pour demander la faveur de le partager. Leurs lettres ont passé sous nos yeux, et l'on ne sait ce qu'il faut admirer le plus ou de la grandeur du sacrifice ou des motifs si purs qui l'inspirent. Ainsi, l'histoire de Paris assiégé est l'histoire même des Frères. Ils sont mêlés à tous les épisodes de cette gigantesque catastrophe.

Le 19 janvier a lieu la bataille de Buzenval, le dernier effort de l'armée de Paris avant de subir la capitulation que la faim, plus encore que le feu de l'ennemi, lui impose. La garde nationale est convoquée. Les Frères se trouvent au rendez-vous. Dès sept heures du matin ils sont au nombre de cent dans la cour des Tuileries, et se rendent en deux divisions sur le lieu du combat. Dieu seul sait les noms des blessés qu'ils secoururent, des mourants qu'ils assistèrent et des morts auxquels ils rendirent les devoirs de la sépulture. Leur conduite leur valut les remerciements des chefs, l'admiration de tous; mais ce qui vaut mieux, plus d'un de leurs ennemis acharnés, en les voyant accomplir, avec ce courage placide qui les distingue, tous les actes de la charité chrétienne, sentit tomber de son cœur les préjugés qui l'avaient rempli.

Ainsi, partout les Frères sont sur la brèche. Serviteurs d'un Dieu de paix, ils ne versent pas le sang de leurs ennemis, mais ils prodiguent le leur pour épargner celui des Français. Aussi, parmi eux, la liste des morts est longue et glorieuse : c'est le Frère Apronien; le Frère Benonien, qui prononce à sa dernière heure d'admirables paroles ; le Frère Néthelme, tué au Bourget; le Frère Agilée, de Passy, offrant héroïquement sa vie pour la France, et voyant son sacrifice accepté de Dieu ; le Frère Hion, de Falaise, prenant la petite vérole au milieu des soldats, et enterré comme un triomphateur avec le cortége d'une population en larmes ; le Frère Péréal, chassé de Lyon et se vengeant en allant mourir au service des blessés ; le Frère Augebert, de Cherbourg; le Frère Rosmond succombant à la fatigue dans une ambulance ; le Frère Berrier, le Frère Parace, le Frère Abercien, le Frère Redemptor-Eugène, les Frères du Cateau, où sur cinq trois succombent : deux à la petite vérole et un à la fatigue ; et enfin le Frère Néomède, arrêté avec trente autres comme otage, et tué à sa sortie de Mazas ; en tout vingt victimes, et des malades dont le nombre même ne se compte plus.

Nous nous sommes arrêté avec joie sur ce côté de notre histoire. Durant les mois que nous venons de traverser, il a été le plus glorieux. Mais la gloire qui en résulte est assez brillante pour cacher nos désastres. Quand il y a une telle vie dans une nation, on ne peut jamais désespérer de son salut. Comme on juge qu'un arbre frappé de la foudre n'est point perdu sans retour si le tronc encore debout continue de se couvrir de fleurs et de feuillage, de même un peuple vaincu peut retrouver sa grandeur s'il a conservé la séve de ses institutions chrétiennes. Les nations, en effet, ne périssent pas sur les champs de bataille; leurs défaites ne sont pas des causes, elles sont des effets; elles sont à la fois le châtiment et le résultat des vertus oubliées et des vices qui les remplacent. Or, quand il reste dans un peuple de tels foyers de vie chrétienne, et que ceux qui les possèdent sont justement chargés de l'éducation de la jeunesse, on peut avec confiance compter sur la génération qui s'élève pour réparer les malheurs de celle à laquelle elle succède. Voilà pourquoi nous tenons tant à ce qu'on n'arrache pas la foi de notre malheureux pays, et nous considérons ceux qui la menacent comme des ennemis plus redoutables que ceux qui nous ravissent nos provinces. Ceux-ci frappent la France dans ses membres, les autres l'atteignent au cœur; ils ne se contentent pas de nous vaincre une fois, ils nous enlèvent les moyens de vaincre jamais.

ARMAND RAVELET (Le *Monde*).

La *Gazette de Paris* apprécie avec non moins de bienveillance que le *Monde* le rôle des frères dans les ambulances et sur les champs de bataille :

Nous pouvons parler, avec quelque expérience personnelle, du rôle joué pendant le siége de Paris, par les frères des écoles chrétiennes, en signalant le livre que M. d'Arsac vient de publier : *les Frères des Écoles chrétiennes* (pendant la guerre de 1870-1871).

Le comité des ambulances de la presse, dont nous nous honorons de faire partie, songea, autant dans un but économique que pour assurer un service fait avec non moins de soumission que d'abnégation et de courage, à s'attacher comme infirmiers ces hommes d'un dévouement et d'une docilité éprouvés. Plus tard, il mit leur dévouement à une plus périlleuse épreuve, en les appelant au rude service de brancardiers sur les champs de bataille. Une demande fut faite, dès l'origine, au supérieur général de l'institut, le vénérable frère Philippe ; et voici la réponse qui ne se fit point attendre, et que nous n'avons point lue dans l'ouvrage de M. d'Arsac :

Monseigneur,

J'ai l'honneur de vous informer que le très-cher frère Philippe, supérieur général de l'institut des frères des Écoles chrétiennes, met à votre disposition *vingt-cinq frères* de sa congrégation pour être employés comme infirmiers dans les ambulances de la presse.

Aussitôt que vous serez organisé, veuillez m'en donner avis, et je m'empresserai de me rendre à la première ambulance avec les frères qui doivent y être attachés.

Permettez-moi d'ajouter, monseigneur, que nos frères sont très-heureux d'accomplir ce service et de payer ainsi leur dette à la patrie, dans les douloureuses phases qu'elle traverse.

Veuillez, etc.

Frère BAUDIME, *assistant*.

Ce n'est pas « vingt-cinq frères » seulement qui nous furent par la suite accordés : dans cette institution, le dévouement est si contagieux que *tous* se disputèrent le péril et l'honneur de ramasser les blessés sur les champs de bataille ou de les soigner jour et nuit dans les hôpitaux.

Mais ce n'est pas seulement à Paris que ces « serviteurs de Dieu, » titre qu'ils ambitionnent, ont été les « serviteurs des hommes, » avec une humilité vraiment touchante. Ils ont rempli en province le même rôle périlleux et patient, et l'ouvrage de M. d'Arsac n'est que le procès-verbal des actes de dévouement qu'ils ont accomplis.

Nous avons saisi avec empressement l'occasion de rendre justice à ces utiles auxiliaires des ambulances de la presse, qui ont permis à cette œuvre qui nous est chère de rendre quelques services au pays.

ARMAND GOUZIEN. — (*Gazette de Paris.*)

Le Petit Journal, sous un titre aussi gracieux que juste : *Le livre d'or de la charité,* a consacré au livre de M. d'Arsac le remarquable article que nous sommes heureux de reproduire.

Parmi les vaillants de la guerre de 1870-1871, il en est qu'on a toujours rencontré aux postes les plus périlleux, marchant calmes et résignés sous la mitraille; ramassant les blessés au plus fort de la mêlée, sans se soucier des projectiles qui pleuvaient autour d'eux.

Les hauts faits de ces hommes inconscients de leur héroïsme ont déjà retenti dans toute la France, et il est presque superflu de redire leurs exploits.

C'est à l'un d'eux que le chirurgien en chef des ambulances de la presse, le docteur Ricord, adressa ces paroles sur le champ de bataille :

« *Permettez-moi de vous embrasser, vous êtes admirable! vous et les vôtres! Nous vous remercions tous au nom de la France.*

Nous avons nommé les FRÈRES DES ÉCOLES CHRÉTIENNES.

Tout le monde, disons-nous, sait à quoi s'en tenir sur le dévouement de ces modestes héros.

Mais il était bon de connaître le détail de leurs actions d'éclat, d'apprendre jusqu'à quel point ils ont bien mérité de la patrie et de l'humanité.

Tel est le but de l'intéressant volume que vient de faire paraître M. J. d'Arsac sous ce titre : *Les frères des écoles chrétiennes pendant la guerre de* 1870-1871.

Il est orné de gravures remarquables reproduisant quelques-uns de leurs plus émouvants états de service.

Une de ces gravures rappelle un épisode qui s'est passé à l'ambulance de Grenelle, au commencement de septembre 1870.

Un soldat atteint de la petite vérole noire, était à toute extrémité et condamné par le docteur. « Si toutefois, ajoute celui-ci, quelqu'un avait le courage de lui percer toutes ses pustules et de le laver ensuite à l'eau phéniquée, il y aurait peut-être une dernière chance. »

Sur ce mot, un frère se met à l'œuvre. Un des soldats, dans l'admiration, disait : « Je ne ferais pas ce travail pour 100 fr par heure. »

Le malade a guéri. Celui qui l'a sauvé.... nous ne savons même pas son nom.

C'est un frère.

Nous-mêmes, nous avons pu les juger à l'œuvre aux pavillons de l'ambulance de Longchamps, pendant l'ère néfaste de la Commune. « Nous avons eu les frères, » disait le chirurgien en chef, l'honorable et sympathique docteur Demarquay, « ce sont eux qui nous ont aidés à faire le bien sur une aussi vaste échelle. »

Quand, le 18 avril, l'ordre leur fut intimé d'avoir à quitter l'ambulance de Longchamps, ce fut un concert de réclamations de la part des fédérés blessés. Mais la Commune resta sourde aux supplications de ses soldats.

N'oublions pas de signaler, dans le livre de M. d'Arsac, la belle gravure qui représente le docteur Ricord remettant la croix de la Légion d'honneur au vénérable frère Philippe, le supérieur général de ces braves.

Pour tout dire en un mot, et abstraction faite de toute opinion politique et religieuse, l'ouvrage de M. d'Arsac présente un très-grand intérêt, parce qu'il exalte le patriotisme, parce qu'il montre ce qu'il y a de beau en nous : le dévouement.

C'est le *livre d'or de la charité*... souvenir touchant et doux parmi les tristes souvenirs de cette époque funeste...

ÉLIE FRÉBAULT (*Petit Journal*).

Extrayons d'un article publié dans le *XIX*e *Siècle*, par M. Francisque Sarcey, les lignes suivantes, qui ont d'autant plus de valeur que l'auteur ne sera pas soupçonné d'être clérical :

Je viens de recevoir un gros volume, fraîchement éclos au soleil des étrennes, et qui a pour titre : les *Frères de la doctrine chrétienne en* 1870, L'auteur, M. d'Arsac, y conte, les services qu'a rendus à la patrie, durant nos malheurs, cet admirable institut de religieux, que l'on n'est pas venu à bout de ridiculiser en les affublant du nom d'Ignorantins.

Je savais déjà, pour en avoir été le témoin oculaire, les prodiges de dévouement, d'abnégation, d'obéissance et d'héroïsme que ces hommes de foi avaient accomplis, pendant le siége, sous les murs de Paris ; je les ai, en ce temps-là signalés du mieux que j'ai pu à la reconnaissance publique dans le journal où j'écrivais alors.

J'apprends, par le livre de M. d'Arsac, que les frères de la doctrine chrétienne se sont montrés partout, en province, ce que nous les avons vus au Bourget et à Champigny; qu'ils se sont prodigués sur les champs de bataille, ramassant les blessés sous la grêle des balles, sans vaine ostentation de courage, avec la résignation modeste et fière d'hommes qui font tranquillement leur devoir, parce que c'est leur devoir, et n'attendent d'autre récompense de leur sacrifice que le plaisir de l'avoir fait.

Cette belle conduite, qui a été célébrée dans tous les partis, même les plus avancés, a conquis à leur cause bien des sympathies, et dissipé de nombreuses préventions.

Que demande-t-on aux Frères de la doctrine chrétienne dans la nouvelle campagne qui va s'ouvrir, chez nous, contre l'ignorance?

Rien de plus et rien de moins que ce qu'ils ont fait dans la guerre de 1870.

Prétend-on les éliminer de l'éducation publique?

Il n'a jamais été question de cette niaiserie, qui serait une horrible ingratitude. Oui, nous le savons, il y a des fous qui ne seront jamais contents, à moins de fermer ces humbles écoles, où la plupart des enfants du peuple ont appris le peu qu'ils savent, et d'en mettre à la porte les braves gens qui les tiennent, après les avoir bien injuriés.

Mais ce sont des fous!

Un de nos plus sérieux griefs contre la Commune, c'est d'avoir abattu les images du Christ.... d'avoir, avec un infâme et stupide acharnement, persécuté des religieux qui distribuaient au fils de l'ouvrier le bienfait de la première instruction.

Nous souhaitons que les Frères de la doctrine chrétienne poursuivent librement leur œuvre de civilisation et de charité.

Nous reconnaissons hautement le mérite de leurs écoles. J'ai plus d'une fois visité des établissements dirigés par eux, et notamment le grand pensionnat de Saint-Joseph[1], un des plus beaux de Paris, j'ose dire que ce sont des modèles de propreté et de bonne tenue; que les enfants y travaillent avec une ardeur incroyable; que ces messieurs prennent sur ces jeunes âmes un empire admirable, et obtiennent des résultats où nous n'arrivons que bien rarement dans nos institutions laïques.

1. L'auteur veut dire l'orphelinat Saint-Nicolas, rue de Vaugirard.

C'est pour mieux faire ressortir sans doute les beaux traits de cet excellent tableau, que M. Francisque Sarcey prête aux frères des Écoles chrétiennes, certaines prétentions, qui n'ont d'autre fondement que dans l'imagination de leurs adversaires.

Il les accuse très-gratuitement de vouloir tout envahir, tout dominer, d'enchaîner la liberté de ceux qui ne portent pas leur habit, de monopoliser l'enseignement primaire à leur profit.

Ces accusations, encore plus ridicules que mensongères, portent avec elles leur réfutation. Le moment serait bien choisi par les congrégations religieuses pour viser au monopole de l'enseignement! Les Frères n'ont demandé aucun privilége; ils ne désirent qu'une chose : liberté et égalité pour tous; pourrait-on citer un seul fait, un seul mot qui accuse cette tendance d'accaparement et de domination que leur reproche M. Sarcey?

Sans doute les congrégations veulent faire le bien et se rendre utiles dans la mesure de leurs forces, mais elles savent parfaitement qu'elles ne peuvent pas faire tout.

Ceux qui répètent ces accusations singulières ignorent sans doute que les frères des Écoles chrétiennes ont refusé et refusent toujours un grand nombre d'établissements qu'on leur offre, et pour ne pas s'étendre davantage et pour ne pas se substituer aux instituteurs qui dirigent ces écoles.

Mais laissons au *Paris-Journal* le soin de répondre au *XIXe Siècle* :

Les partialités modernes sont si constamment tyranniques que, de très bonne foi, entre une vérité d'évidence et un sophisme, certaines intelligences, et non des moins lucides, n'hésiteront jamais : elles choisiront le sophisme et s'attacheront à l'orner de tous les agréments singuliers de leur style ou de leurs autres gentillesses.

Ainsi, les clameurs que pousse le grouillement démagogique à propos de l'instruction des masses, l'agitation que quelques beaux esprits, saturés d'athéisme, provoquent à ce sujet en vue de généraliser leur intolérante négation, ont éveillé l'attention publique sur l'utilité des instituts religieux voués à l'enseignement.

Il semblait que les preuves de patriotisme, de dévouement, de fidélité, d'abnégation et surtout de courage fournies tout au long de la guerre abominable qui nous a laissés tous meurtris et comme mutilés, par ces hommes religieux et modestes consacrés en d'autres temps à laisser tomber dans le cœur des enfants les premières graines de la science, il semblait que ces témoignages de vertu et de sincérité dans la foi dussent faire préjuger que leur enseignement ne saurait produire de mauvais citoyens, ni des égoïstes, ni des lâches. Mais on comptait sans le parti pris et la discipline du dogmatisme démagogique et athée. Justement les « Frères de la Doctrine chrétienne » ont fait leur devoir de Français, d'hommes libres, de soldats, ajouterions-nous volontiers; mais il faut leur retirer l'éducation de la jeunesse, parce qu'ils « tendent à l'accaparer. »

Plaisante raison serait celle-ci au cas où l'assertion serait juste. Dans les Républiques anciennes, où la simplicité du bon sens n'était pas toujours subordonnée à l'intérêt du philosophe, les chefs d'État se fussent réjouis de voir des hommes reconnus vertueux se dévouer avec passion à l'instruction des générations nouvelles. C'est bien différent aujourd'hui. Mais encore ce procès de tendance est-il légitimé par quelque tentative d'exclusivisme? En aucune façon. Dire que « les Frères de la Doctrine chrétienne, » que les *ignorantins*, — comme les appellent des *savantins* et des *savantasses*, qui seraient fort empêchés d'enseigner quoi que ce fût pour les raisons les plus péremptoires, — dire que les congréganistes veulent accaparer l'instruction primaire en France, dire qu'ils réclament ou ont réclamé une sorte de monopole, est une assertion gratuite. Ils ne réclament, au contraire, que le droit commun, — hors duquel, d'ailleurs, l'État s'est placé, puisqu'il a créé un enseignement officiel, puisqu'il s'est fait instituteur lui-même.

Ils ne demandent que le respect de leur liberté d'enseigner, que leur qualité de citoyens devrait suffire à leur assurer, et ce, dans les circonstances présentes, qui, nous le répétons, ne sont pas absolument normales. Or, c'est justement ce que les docteurs de l'athéisme libérâtre, mais liberticide, leur dénient, en poussant le gouvernement à décréter la gratuité et l'obligation de l'instruction primaire, puisque si l'enseignement est obligatoire et si l'enseignement de l'État est gratuit, l'État fait à tous les instituteurs libres une concurrence déloyale.

En fait il n'est qu'un seul moyen d'enlever à l'application de la gratuité et à l'obligation de l'instruction primaire ce caractère d'iniquité qui l'entrave, c'est de déclarer que l'instruction est obligatoire et gratuite, mais que le père de famille est libre de choisir l'institut où son fils devra la recevoir, et que l'État payera indistinctement la quotité légale et proportionnelle que représentera l'éducation d'un enfant.

En résumé, nous voulons que si l'on édicte la gratuité et l'obligation de l'instruction primaire, on n'attribue un monopole ni à l'État ni à l'Église, et que, suivant la formule de l'évêque d'Orléans, *l'État soit mis hors l'École*, comme l'Église a été mise hors l'État.

Telle est la seule solution juste et, ce nous semble, irréfutable.

Entre temps qu'elle soit adoptée, on dénigrera, on condamnera, on calomniera même l'institut des « Frères de la Doctrine chrétienne »; nous ne cesserons de les admirer. Si l'on veut savoir sur quoi se fonde notre sentiment de respect et de déférence, qu'on lise le livre que M. d'Arsac vient de consacrer au récit des exploits charitables et patriotiques pendant la guerre, et l'on demeurera convaincu que, suivant un mot juste et profond de M. de Maistre, les braves gens font les gens braves.

Denis Guibert (*Paris-Journal*).

Détachons les lignes suivantes du Bulletin bibliographique de la *Revue du Monde Catholique* :

Tout le monde connaît et apprécie le dévouement dont les Frères des écoles chrétiennes ont fait preuve dans la dernière guerre, soit comme brancardiers sur les champs de bataille, soit comme infirmiers auprès des blessés et des malades. Un écrivain catholique connu par de nombreuses publications, M. d'Arsac, a eu l'heureuse pensée de réunir tous ces actes de dévouement épars çà et là; il a fait sous ce titre, *les Frères des écoles chrétiennes pendant la guerre de* 1870, un bel et bon ouvrage que nous ne saurions trop recommander. Nous arrivons bientôt au moment des étrennes; voilà certes un livre d'étrennes bien préférable à ceux que l'on choisit d'ordinaire et qui est à la fois émouvant et édifiant.

Nous ne saurions mieux faire apprécier ce livre, qu'en reproduisant une partie de l'introduction où l'auteur expose son dessein qu'il a parfaitement rempli.

Je viens de lire le livre le plus honorable qui ait été écrit sur les terribles événements de 1870 et 1871. J'entends honorable pour notre malheureuse France. Pas d'accusations, pas de récriminations. L'aile droite ne se plaint pas du centre, et l'aile gauche s'est sentie suffisamment appuyée. La grande armée est allée au combat marchant avec ensemble, précédée du drapeau tricolore, dont la hampe est une croix. « Dieu et la patrie ! » tel était le mot de ralliement de cette troupe vaillante, qui n'en a pas changé depuis des siècles. Le patriotisme n'est pas une doctrine raisonnée, c'est une foi. Et l'on sait que l'idée religieuse seule assouplit les hommes, dégage les âmes de la matière, fait battre les cœurs dans les poitrines. Ceux-là, seulement, qui croient à Dieu peuvent croire à quelque chose. Ceux-là, seulement, qui se croient une âme immortelle aspirant aux éternelles félicités savent mourir. Voilà pourquoi les Frères des écoles chrétiennes ont été des héros.

Le livre que M. d'Arsac — le plus estimé des historiens de la Commune — vient de consacrer aux exploits patriotiques et chrétiens des Frères, est un bulletin de campagne. Il suit ces braves religieux sur les champs de bataille, où le sang-froid de ces hommes désarmés enflamme d'une patriotique ardeur les jeunes soldats. Il est leur compagnon fidèle dans les villes assiégées, où ils ont souffert sans se plaindre, le sourire aux lèvres, la joie dans les yeux, toutes les privations et toutes les fatigues. Leur bois brûlait dans les grandes cheminées de leurs dortoirs transformés en ambulances ; leur modeste luminaire éclairait la veillée des blessés ; leur maigre ration de viande allait augmenter la saveur du bouillon préparé pour le soldat convalescent. Une horrible épidémie menace d'étendre un voile de mort sur les asiles des victimes de la guerre. On les voit aussitôt rechercher de préférence ceux que le fléau atteint. Ils conservent à la patrie les défenseurs que la variole lui dispute. Rien ne les arrête dans leur œuvre de salut.

Voilà ce que M. d'Arsac raconte en historien, ou plutôt en archiviste, pièces en main. C'est la postérité qui fera cette histoire. Aujourd'hui il ne faut que produire des documents. Depuis que le mot *fraternité* se lit au fronton de tous les édifices, l'humanité ne croit plus aux Frères. Mais les soldats, revenus à leurs foyers, élèveront leurs fils dans le respect de ces hommes de Dieu, qui ont partagé leurs périls et allégé leurs peines. L'avenir est à la foi, à la charité. Ceux qui souffrent sont injustes, et la France souffre en ce moment. Que les Frères des écoles chrétiennes lui pardonnent !

. . . .

Le plus illustre de nos médecins a apporté au supérieur général des Frères la croix d'honneur. Dès lors il a semblé aux hommes de cœur que le ruban rouge étincelait sur la robe de bure de tous ces instituteurs patriotes C'est la croix du drapeau qui oblige le passant respectueux à saluer le régiment entier. Les Frères étaient de bons maîtres enseignant bien et vite. Aujourd'hui ce sont des modèles à suivre. Est-ce pour cela que ceux qui ont parlé quand il fallait combattre, qui se sont divisés quand il fallait s'unir, veulent briser les chaires modestes de l'enseignement chrétien et national.

Le livre de M. d'Arsac arrive à temps. Que les ennemis des Frères en écrivent un semblable, où les hauts faits de leurs protégés soient énumérés. La comparaison sera facile. Les Frères ne prétendent à aucun monopole, pas même à celui du dévouement. Liberté pour tous, même pour ceux qui veulent donner à la Patrie leur sang et leurs veilles, et qui ne demandent en échange que le droit de faire le bien.

ALFRED D'AUNAY. — (*Le Figaro.*)

Au moment où nous mettions sous presse, on nous communique un nouvel article bibliographique du *Monde*; nous en extrayons les lignes suivantes :

Nous avons parlé récemment du sujet traité par M. d'Arsac : *Les Frères des Écoles chrétiennes pendant la guerre.* L'ouvrage vient de paraître; il tient toutes les promesses que nous avaient fait concevoir les passages qui nous avaient été communiqués. De la première page à la dernière, l'intérêt se soutient, le cœur s'émeut, et souvent les larmes coulent. C'est, en effet, le drame chrétien, tout différent de ces créations malsaines et bizarres des imaginations en délire qui font les romans d'aujourd'hui, mais un récit exact et sincère de faits qui se passaient dans nos murs l'année dernière, et dont les héros vivent encore pour la plupart. Ces passions sont bonnes, ces sentiments sont élevés, ces cœurs, généreux et ardents. Par leurs paroles et par leurs actes, ces personnages sont plus grands que nature. Ils sont vrais cependant : la grâce les élève au-dessus d'eux-mêmes, et obtient d'eux ces actes quotidiens que le monde trouve extraordinaires et qui sont à la mesure commune de toutes ces congrégations qu'il maudit sans les connaître.

Les faits et les hommes offraient donc un grand intérêt par eux-mêmes : l'auteur du livre y a puissamment aidé. Son style clair et facile, comme il convient à un historien, exprime les faits simplement, sans ambages et sans ornements superflus. Il ne résiste point à l'émotion quand il la rencontre, mais il la trouve sans la chercher. La période qu'il embrasse s'étend de la déclaration de guerre à la conclusion de la paix. Elle comprend l'histoire des Frères à Paris et dans les provinces. Nous les avons vus, à Paris, aux combats de Champigny, du Bourget et de Buzenval; mais la famille entière était sur les champs de bataille. A Dijon, à Dreux, à Coulmiers, à Nuits, à Talante, à Pouilly, dans Péronne détruit, dans Thionville bombardé, on les retrouve encore. Dans cette dernière ville ils plaident la cause de l'humanité. Le frère Athanasius, directeur de Beauregard, va trouver en parlementaire, les yeux bandés, le général prussien Von Kamecke, pour lui demander l'autorisation d'offrir aux femmes et aux enfants de Thionville un asile dans les salles de l'établissement de Beauregard ; sa demande est repoussée.

Nous avons parlé déjà des soins donnés aux soldats blessés ou malades par les Frères, de cette transformation soudaine de tous leurs établissements en logements militaires ou en ambulances. Dans toute la France le même phénomène se produit. Il est universel. On dirait que l'institution est devenue subitement une immense intendance de secours ; ici ils recueillent les blessés, là ils soignent les varioleux ; ailleurs ils logent les soldats; plus loin ils consolent et assistent les prisonniers. Aussi tout le monde, témoins et assistés, officiers et soldats, amis et ennemis, Français, Allemands et garibaldiens, rendent justice à leur zèle. Ils ont obtenu le plus grand des triomphes ; ils ont désarmé la calomnie et l'ont réduite au silence.

C'est ce livre que M. d'Arsac a eu l'honneur d'écrire. Bien imprimé, illustré de seize gravures sur bois qui représentent les principaux épisodes de cette histoire accidentée, il restera un des livres préférés de cette année. Une des gravures nous a particulièrement frappé : elle représente une infirmerie ; un soldat varioleux est abandonné des médecins. Couvert de pustules, il est livré à la pourriture. Pour le sauver, il faudrait un saint ; il faudrait percer l'un après l'autre tous les boutons, en exprimer le pus, et les arroser avec de l'eau phéniquée. Un frère se dévoue à cette longue et rebutante besogne, et parvient à arracher son malade à la mort, qui avait déjà la main sur lui. Plein d'admiration pour son courage, un des soldats qui le regardent s'écrie : « Pour 100 fr. par heure, je n'eusse pas fait pareille besogne. Et moi, dit le frère, je ne l'eusse pas faite pour un million ; mais je l'ai faite pour le bon Dieu. »

De pareils faits abondent dans le livre de M. d'Arsac. Ils le composent presque tout entier. Cet ouvrage offre le rare mérite de ne pas renfermer une ligne qui ne porte au bien.

Armand Ravelet.

TABLE DES GRAVURES

CONTENUES DANS

L'ALBUM DU LIVRE DES FRÈRES DES ÉCOLES CHRÉTIENNES

PENDANT LA GUERRE DE 1870-71

1 Portrait du Frère Philippe, supérieur général des Frères des Écoles chrétiennes.
2 Un habitant de Pourru-Saint-Remy, qu'on allait fusiller, sauvé par la courageuse intervention des Frères.
3 Un colonel remercie les Frères de Carlsbourg du bon accueil fait aux officiers français après le désastre de Sedan.
4 Les Frères ensevelissent les morts à Champigny.
5 Le Frère Néthelme, blessé mortellement au Bourget.
6 Un obus éclate dans le dortoir de la maison de Saint-Nicolas, rue de Vaugirard.
7 Ensevelissement des morts à Buzenval.
8 Le docteur Ricord, décorant le Frère Philippe, à l'ambulance Saint-Maurice.
9 Un héroïque infirmier, à l'ambulance de Grenelle.
10 L'artilleur Proust, à l'ambulance des Frères de Toulouse.
11 Les Frères ramassant les blessés, pendant la nuit, dans les environs de Dijon.
12 Les Garibaldiens faisant une ovation aux Frères de Dijon et leur disant : « Vous aurez bien soin de nos blessés. »
13 Le Frère Directeur de Beauregard allant plaider, auprès du général Prussien, la cause des habitants de Thionville.
14 Funérailles du Frère Rédemptor-Eugène, mort à Pontarlier en soignant les varioleux.
15 Les Frères de Boulay secourant les prisonniers de Metz dirigés sur la Prusse.
16 Arrestation du Frère Calixte, premier assistant du Frère Philippe, supérieur général.

Typographie Lahure, rue de Fleurus, 9, à Paris.

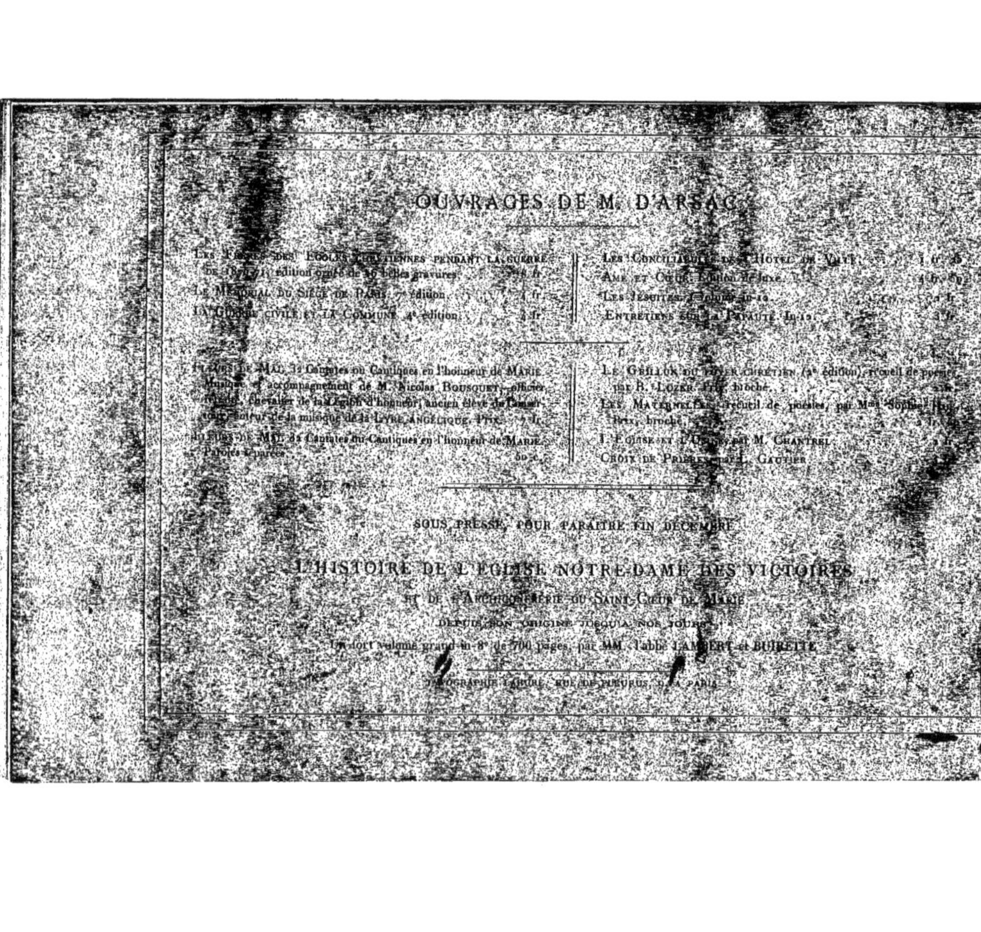

OUVRAGES DE M. D'ARSAC

Les Frères des Écoles chrétiennes pendant la guerre de 1870-71, édition ornée de 16 belles gravures. 8 fr.

Le Mémorial du Siège de Paris, 7e édition. 4 fr.

La Guerre civile et la Commune, 4e édition. 4 fr.

Les Conciliabules de l'Hôtel de Ville. 1 fr. 25

Âme et Cœur. Édition de luxe. 4 fr. 50

Les Jésuites. 1 volume in-12. 2 fr.

Entretiens sur la Papauté. In-12. 3 fr.

[illegible] de Mai, 32 Cantates ou Cantiques en l'honneur de Marie. Musique et accompagnement de M. Nicolas Bousquet, officier [illegible], chevalier de la Légion d'honneur, ancien élève du Conservatoire, auteur de la musique de la Lyre angélique. Prix. 7 fr.

[illegible] de Mai, 32 Cantates ou Cantiques en l'honneur de Marie. Paroles séparées. 50 c.

Le Grillon du foyer chrétien (2e édition), recueil de poésies par B. Lozer. Prix, broché. 2 fr.

Les Maternelles, recueil de poésies, par Mme Sophie [illegible]. Prix, broché. 2 fr. 50

L'Église et l'[illegible], par M. Chantrel. 2 fr.

Croix de Prières, par L. Gautier.

SOUS PRESSE, POUR PARAÎTRE FIN DÉCEMBRE

L'HISTOIRE DE L'ÉGLISE NOTRE-DAME DES VICTOIRES

Et de l'Archiconfrérie du Saint-Cœur de Marie

depuis son origine jusqu'à nos jours

Un fort volume grand in-8° de 700 pages, par MM. l'abbé Lambert et Buirette

Typographie Lahure, rue de Fleurus, 9, à Paris

www.ingramcontent.com/pod-product-compliance
Ingram Content Group UK Ltd.
Pitfield, Milton Keynes, MK11 3LW, UK
UKHW020341220726
13923UKWH00004B/1525

9 782019 313289